AF562858

DU
GOUVERNEMENT OCCULTE,
DE SES AGENS ET DE SES ACTES,

PAR

MADIER DE MONTJAU,

SUIVI DE

Pièces officielles sur les troubles de Vaucluse. — Observations sur l'administration de la Justice dans le Gard et Vaucluse en 1815. — Observations sur le prétendu acquittement de Troistaillons. — Réponse à une des attaques de M. Clausel de Coussergues. — Requêtes à la Cour de Cassation ;

FAISANT SUITE AUX PIÈCES ET DOCUMENS PUBLIÉS LE 18 NOVEMBRE.

> Il suffit du silence coupable de l'autorité judiciaire pour anéantir, au moins dans la pratique, les droits et la liberté des citoyens. (Ch. Fox.)

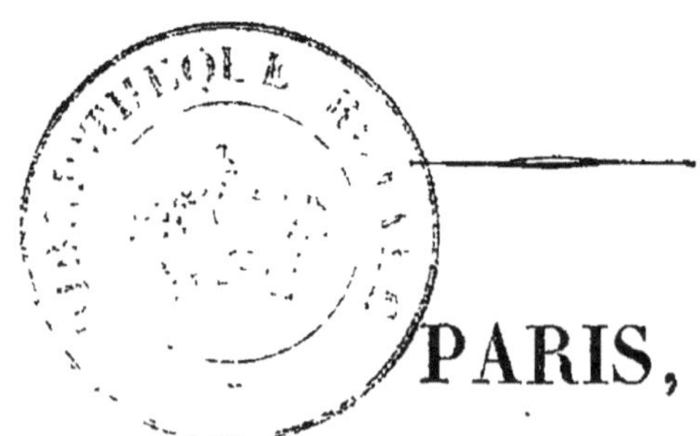

PARIS,
CHEZ DALIBON, LIBRAIRE,
PALAIS-ROYAL, GALERIE DE BOIS, N°. 228.
27 NOVEMBRE 1820.

Pièces et Documens relatifs au procès de M. MADIER DE MONTJAU, contenant sa Correspondance avec leurs Excellences MM. DE SERRE et SIMÉON; ses Rapports sur les Assises du Gard et de Vaucluse; des Réflexions sur deux Discours de MM. DE SERRE et SIMÉON; des extraits de l'Interrogatoire subi le 9 juin par M. MADIER; de nouvelles Preuves de l'impartialité de la Censure à son égard. — *In*-8°. Prix 2 fr. 50 c.

AVERTISSEMENT.

La France va devenir le palais du silence! Avant que la terreur de 1815, dont tout prépare le retour, achève ce que la censure a commencé, j'emploie le trop faible moyen qui reste encore aux citoyens pour faire entendre leurs plaintes et repousser les insultes des calomniateurs privilégiés.

Les journaux d'une faction ont porté sur tous les points de la France la lettre de MM. de Bernis et de Calvières contre moi. Ma réponse n'a pu être connue que du petit nombre de ceux dont les lectures ne se bornent pas à des feuilles périodiques. Ce petit écrit ne sera pas lu de l'immense auditoire à qui un avocat général vient d'apprendre que je suis complice de Gravier et de Louvel, et que j'ai insulté le deuil paternel dans ma pétition : néanmoins je me crois obligé par cette *attaque officielle* à reproduire la réponse que j'avais faite d'avance dans ma première pétition et dans les écrits qui l'ont suivie. Je dois à mes amis, à moi-même, à un personnage auguste et que je vénère, une protestation spéciale contre de si infâmes accusations.

Pénétré de respect pour la Majesté royale, j'éprouve la plus sincère douleur en voyant ses hypocrites défenseurs s'efforcer de l'engager dans un débat auquel elle est si complètement étrangère : j'ose espérer que les véritables amis du trône ne s'offenseront pas de me voir aborder un pareil sujet, et qu'ils n'imputeront qu'à mes ennemis la nécessité où je suis d'en entretenir le public.

Ils viennent de reproduire ces calomnies

avec de nouveaux détails dans un libelle intitulé *Lettre d'un Electeur de Paris à un Electeur de province*, qui a été répandu avec profusion dans les départemens au moment des élections, et où sont diffamés les plus honorables citoyens. Là sont renouvelées toutes les perfides insinuations par lesquelles ils veulent effrayer l'Europe d'une anarchie que leurs attentats seuls peuvent rendre possible. Ces hommes peuvent-ils m'accuser, dans leurs journaux, leurs libelles, et jusque dans le sanctuaire de la justice, d'avoir exposé la dynastie à la profanation d'un soupçon criminel, sans qu'il me soit permis de prouver que mes sentimens héréditaires, ma conscience m'empêcheraient de former ce coupable dessein, et que j'ai dit très-explicitement le contraire de ce qu'il me font dire? Ne sera-t-il pas permis à celui qu'ils accusent de tremper dans ce complot imaginaire et d'avoir donné le signal d'une nouvelle agitation, ne lui sera-t-il pas permis de les démasquer, de faire connaître les maux qu'ils nous ont faits, et l'avenir qu'ils nous préparent?

A la persévérance des calomnies il faut opposer la persévérance de la réfutation, surtout à une époque où les ministres ont l'imprudence de fournir (involontairement sans doute) des argumens spécieux aux mauvais citoyens. Voyez avec quelle habileté le Journal des Débats du 21 novembre s'empare du discours de M. Siméon du 25 avril.

« Pour répondre à toutes ces déclamations, ne suffit-il pas de la dénégation présentée dans le mois de juin dernier par le ministre de l'intérieur à la chambre des des députés, et de cette déclaration solennelle, que, depuis près de cinq ans, *la tranquillité publique n'avait été troublée, ni même menacée dans le département du Gard!* Que peut-on opposer à une allégation aussi précise? M. Madier de Montjau est-il mieux instruit qu'un ministre du Roi de la situation générale de son département, ou le ministre a-t-il moins d'intérêt que lui à connaître et à proclamer la vérité? »

Voici ma réponse au Journal des Débats et à M. le comte Siméon. Devant la cour de cassation, je prouverai par des pièces et des faits incontestables qu'au mois de mars 1819, le département se trouvant absolument sans garnison par la faute du ministère, les partis s'armèrent, et se mirent en présence; que le sang coula, que *sans moi* il en aurait été répandu des torrens, et que les ministres m'ont fait remercier de les avoir délivrés, par mon dévouement dans cette occasion, des plus vives alarmes qu'ils aient jamais éprouvées.

DU

GOUVERNEMENT OCCULTE.

J'ai attesté, j'atteste encore que j'ai pris en flagrant délit les hommes des notes secrètes. La France a ajouté foi à mes paroles, parce qu'il était évident qu'au milieu des conjonctures les plus favorables aux factieux, je n'avais rien à gagner et tout à craindre en rompant le silence, et que le dévouement au prince et à la patrie avait pu seul délier ma langue. La France a été convaincue, et les conspirateurs ont frémi !..

Remis de leur première surprise, ils ont osé, pour leur défense et devant le public, ce qu'ils n'avaient jamais osé, même en secret, pour le succès de leurs complots. Ils ont prononcé un nom auguste, assuré que j'attaquais l'héritier du trône, et que c'était sur ce prince que j'avais voulu appeler les soupçons. En cela ils ont suivi l'exemple que leur avait donné M. Lainé à la tribune le 26 avril : mais voici en quels termes je répondis à M. Lainé dans ma lettre du 26 mai.

» Que, sans s'étayer d'un commencement de » raisonnement, M. de la Bourdonnaye (Voyez » le *Drapeau Blanc* du 27 avril.) crie à l'impiété » quand je parle d'un gouvernement occulte; » qu'il ait la hardiesse de se retrancher derrière » des noms sacrés, et d'exhaler son indignation » factice, comme si j'avais eu la sacrilége audace » d'attaquer ces noms révérés, soit indirectement, » soit par des insinuations criminelles, cela se » conçoit; mais qu'un homme tel que vous, » Monseigneur, possédant un talent très-remar- » quable, ayant occupé long-temps un poste » élevé, entreprenant, devant une auguste assem- » blée, de calmer des alarmes hautement mani- » festées sur une faction en conspiration perma- » nente, ne repousse pas ces accusations, soit » en disant qu'aucune probabilité ne les accom- » pagné, soit en disant et en prouvant que les » hommes accusés de correspondance factieuse » n'ont jamais jusqu'ici excité de si étranges soup- » çons, soit enfin en disant qu'on doit suspendre » ces opinions et ces craintes jusqu'à ce que de » nouveaux éclaircissemens aient été fournis;

» Que cet orateur, sous le ministère duquel fut

» découverte et publiée la conspiration de la note » secrète, encore plus effrayante et plus crimi- » nelle que celle que j'ai dénoncée ; oublie toutes » les raisons qu'il a fournies lui-même à l'opinion » publique de croire à l'existence de grands cons- » pirateurs ; qu'il oublie enfin qu'à l'époque où » ces terribles révélations (car elles lui appartien- » nent bien, ainsi qu'à tout le ministère d'alors) an- » noncèrent à la nation que ses plus cruels enne- » mis allaient être trouvés peut-être *parmi les » hommes à qui les bienfaits multipliés de nos » princes imposaient plus étroitement l'obliga- » tion d'être fidèles à la patrie ;*

» Qu'il oublie qu'à cette époque *personne » n'eut l'atrocité et l'absurdité de dire*, ou SEU- » LEMENT D'INSINUER, que des personnages au- » gustes avaient vu sans douleur cette coupable » tentative ;

» Que cet orateur se croie autorisé à se pro- » clamer le champion et le défenseur de ces hautes » renommées, qui se défendent assez par elles- » mêmes.... L'imagination demeure confondue » d'étonnement et de douleur !

» J'ai dit, Monseigneur, et je répète qu'un des » principaux auteurs des circulaires 34 et 35 avait » aussi joué un grand rôle dans les notes secrètes,

» et qu'il avait déploré en termes atroces la » conservation du maréchal Soult; j'ai offert de » le nommer quand la conspiration de la note » secrète serait poursuivie.

» Lors même que je n'aurais pas dit avec au- » tant de clarté que le principal coupable *était* » *un simple particulier*, quoique occupant un » rang distingué dans la société, *l'énormité même* » *de l'accusation aurait empêché la pensée de* » *s'égarer.*

» Et c'est vous, ministre du roi, qui n'avez pas » perdu tout souvenir de la note secrète, vous » qui avez lu ma pétition, puisque vous en par- » lez, qui vous dispensez d'aborder une question » claire et positive pour lutter avec une chimère » horrible!

» Sentant bien qu'aucun motif n'autorise *votre* » *dangereuse digression*, vous êtes réduit à » dire : « *L'âme se soulève malgré soi sur ce* « *qu'on débite, sur ce qu'on laisse pénétrer au* « *sujet du gouvernement occulte* ».

» Ce qu'on débite! ce qu'on laisse pénétrer!... » Fait-on encore allusion à de nouveaux propos » de tavernes, aux folies d'un autre mendiant en » démence?

» Ce qu'on débite, ce qu'on laisse pénétrer,

» selon vous, est-il dans ma pétition, dont vous » aviez à parler ?

» Ce qu'on débite ! ce qu'on laisse pénétrer !.. » Voilà donc le seul droit que vous aviez de vous » lancer dans le scandale de cette digression ? » Allez, Monseigneur, laissez en paix cette au- » guste douleur, qui est respectée et partagée par » toute la France, et qui n'a pas besoin d'être » protégée par votre éloquence.

» Le respect que nous devons à la famille de » nos rois, et que je sens plus vivement que per- » sonne, m'a paru tellement blessé, tellement » méconnu dans cet étrange passage de votre dis- » cours, que je n'ai pu m'empêcher d'en témoi- » gner ma douleur : cette douleur l'a emporté de » beaucoup sur la satisfaction de voir l'impuis- » sance où sont déjà les plus habiles orateurs de » répondre autrement que par de vaines déclama- » tions à ce que j'ai avancé sur les hommes des » circulaires et des notes secrètes ».

Pour sentir combien sont absurdes les insinuations qu'on a si souvent reproduites après M. Lainé, on n'a qu'à se rappeler ce que j'ai dit de l'auteur des circulaires dans ma première pétition :

« Sera-ce de moi que les ministres devront

» apprendre quel est le redoutable factieux qui a » rédigé et envoyé ces trente-cinq circulaires ? » Qu'ils sachent donc qu'elles sont l'ouvrage de » cet homme à la tête et au cœur machiavéliques, » lequel dit, en 1815 : *Quoi, M. de ..., vous » venez devant moi vous vanter d'avoir sauvé » la vie au maréchal Soult, après l'avoir fait » arrêter ! Insensé ! apprenez de moi que, dans » les conjonctures où nous sommes*, on n'arrête » pas *un maréchal de France ; on le tue ! ! !* Les » ministres ont-ils besoin d'une désignation plus » claire ? faut-il leur articuler ce nom ? Eh bien, » je le leur dirai moi, devant les tribunaux, le jour » où ils mettront ce grand coupable en accusa- » tion, ainsi que la France l'a un moment espéré » après la découverte de la note secrète. »

Je le demande, pouvais-je désigner plus clairement l'auteur des circulaires et le principal agent du gouvernement occulte.

Aussi M. de Saint-Aulaire, qui ne partageait pas mon opinion sur la part que j'attribuais à cet homme dans les circulaires, crut le reconnaître à cet horrible propos, relatif au maréchal *Soult*: « J'ai donné, dit M. de Saint-Aulaire, j'ai donné » une grande confiance à M. Madier de Montjau ; » je suis convaincu qu'il ne peut pas se tromper

» volontairement; mais je ne partage point son » opinion, ni sur la part qu'il attribue à un ancien » ministre d'état à la correspondance qu'il dé- » voile, ni sur le jugement qu'il paraît porter » du caractère de cet ancien ministre d'état. » (Discours du 25 avril.)

Je n'ai point à dire si l'on a eu raison d'arrêter sa pensée sur un ministre d'état; je n'ai point à m'expliquer sur le plus ou le moins de justesse des soupçons de M. de Saint-Aulaire; je n'ai pas à dire si l'homme que j'avais en vue a été en effet reconnu; mais je ne puis m'empêcher de témoigner mon étonnement qu'on hésitât à croire coupable de la rédaction des circulaires l'homme qu'on croyait pourtant coupable de s'être plaint qu'on eût été moins hardi à *Mende* qu'à *Avignon* : mais j'ai été surpris bien davantage quand j'ai vu les amis du conspirateur ne pas s'offenser de l'assurance avec laquelle M. de Saint-Aulaire prétendait l'avoir reconnu au seul trait que j'avais dessiné.

Ils devaient protester contre cette apologie, qui sous certains rapports était une accusation meurtrière; ils devaient dire qu'aucuns des leurs n'avaient pu ni sentir, ni exprimer ces atroces regrets ; mais, loin de repousser la justification que M. de Saint-Aulaire leur faisait acheter si cher, ils s'en sont emparés contre moi, et récemment encore la feuille la plus accréditée du parti, le *Journal des Débats*, dans son numéro du 21 novembre, dit : « M. Madier a déclaré connaître les auteurs du prétendu gouvernement » occulte, et, sans les nommer, il les a désignés » par des indications assez précises pour se mé- » nager tous les avantages de la calomnie, sans » encourir les peines dues au calomniateur. »

Quoi, il existe parmi vous un homme qu'on reconnaît coupable de cet atroce propos, et vous osez le défendre d'une autre accusation portée contre lui par un magistrat sans reproches! Quoi, nous vivons dans un temps où l'on croit possible qu'un ministre d'état ait voulu faire subir à tous les maréchaux le *suicide du maréchal Brune* !..!

Y a-t-il un seul de nos princes qui pût, je ne dis pas proférer ces horribles paroles, mais les entendre proférer impunément devant lui? Et l'on ose m'accuser d'avoir voulu insinuer ..... Je m'arrête, et je me borne à répéter, avec la ferme intention de ne plus m'abaisser à me défendre sur ce point, ce que j'ai dit plus haut, lors même que je n'aurais pas dit avec autant de clarté que « le » principal coupable était un simple particulier,

» quoique occupant un rang distingué dans la » société, l'énormité même de l'accusation aurait » empêché la pensée de s'égarer. » (Lettre à M. Lainé.)

Que ce redoutable factieux puisse avoir accès auprès de nos princes, cela est possible, et je ne cherche pas à m'en éclaircir : mais quelle induction prétend-on en tirer ? notre réputation reçoit-elle une atteinte lorsqu'un misérable parvient à se glisser parmi nos valets, et pourquoi les princes seraient-ils plus responsables que leurs sujets des turpitudes de leur livrée ?

J'ai indiqué le principal agent du gouvernement occulte ; ses agens secondaires sont les comités secrets dont la France est couverte ; ce sont ces comités secrets qui ont obtenu à Nîmes, à Riom, à Toulouse, à Pau, à Albi ce triomphe des assassins que M. de Serre déplorait si éloquemment le 23 mars.

Observations sur le prétendu acquittement de Troistaillons.

Voici l'article relatif à ce prétendu acquittement, et que j'avais d'abord voulu insérer dans ma première pétition; mais, espérant que le seul nom de Troistaillons en dirait assez, je me bornai à demander le châtiment de cet homme, qui avait pris la fuite après le discours du 23 mars, et qui rentrait la menace à la bouche après le crime du 13 février.

« Plusieurs magistrats éminens se firent un devoir d'apprendre au gouvernement que le silence des témoins, glacés par la terreur, n'était pas l'unique cause de la mise en liberté de ce monstre; un motif non moins déterminant, c'est que des personnes considérables et même des fonctionnaires publics sollicitèrent par écrit son élargissement, et signèrent (la pièce était encore il y a peu de temps dans le dossier) un certificat où Troistaillons était représenté comme un bon royaliste que son zèle avait emporté, mais qui était digne de tout l'intérêt des honnêtes gens.

» Les ministres, réveillés par la connaissance de ces faits, voulurent commencer des poursuites nouvelles pour mettre enfin les actes du gouvernement en harmonie avec la profession solennelle du 23 mars.

» Cette détermination nécessita, de la part des mêmes magistrats de l'ordre civil et judiciaire, une foule d'observations sur l'inutilité des poursuites tant que les bons citoyens n'auraient pas été enhardis et les méchans intimidés par un système plus rigoureux et plus suivi. Ils écrivirent que la justice n'obtiendrait aucun succès dans un pays où les fonctionnaires avaient pu signer un pareil certificat; que, dans l'état actuel des choses, des poursuites seraient plus nuisibles qu'utiles.

« Les ministres insistèrent. Pendant ce débat Troistaillons prit la fuite, et les ministres renoncèrent alors à leur dessein, parce que cette correspondance leur avait démontré qu'ils ne pouvaient atteindre Troistaillons sans attaquer le mal dans sa source, et qu'ils n'en avaient pas le pouvoir.

» Mais comme la persévérance habituelle dans les vues, et la netteté constante dans les actions ont seules le droit d'exciter la confiance, quoique les ministres eussent dans cette circonstance poursuivi un but honorable avec plus de tenacité que de coutume, ils n'échappèrent pas à d'affligeantes accusations; on alla jusqu'à dire qu'ils avaient vu avec joie la retraite de Troistaillons, et des articles de journaux où ils étaient gravement (1) maltraités

---

(1) *Extrait de* la Renommée *du lundi* 6 *décembre* 1819.

Riom, le....

Des renseignemens que j'ai recueillis dans cette ville, et sur la vérité desquels vous pouvez compter, m'engagent à relever une erreur presque générale en France, et dont la cour de Riom a lieu de se plaindre. Je m'explique :

Lorsque, arrêté par le général Lagarde, Troistaillons, mon fameux compatriote, fut traduit à Riom pour y être jugé, ce ne fut ni la cour d'assises de cette ville, ni la chambre d'accusation de la cour royale, qui ordonnèrent sa mise en liberté. Le tribunal de première instance seul décida *qu'il n'y avait pas lieu à poursuivre*.

La terreur qui glaçait encore les malheureux protestans de Nîmes empêcha les témoins à charge de se produire; les seuls qui à cette époque ne craignaient rien firent leurs efforts pour le sauver, et il n'y eut sur son compte que des notes très-favorables : on ne put donc le mettre en jugement sur de pareilles preuves.

Telle est la vérité : par cette explication tout le monde me paraît justifié. En vain les bruits les plus incroyables circulent-ils ici au sujet de la mise en liberté de Troistaillons; en vain m'a-t-on assuré d'une manière posi-

à ce sujet rendirent ineffaçable l'impression funeste qu'avait produite la continuation de l'impunité dont le discours du 23 avait annoncé la fin.

« Députés de la nation demandez des poursuites contre ce monstre, à qui le discours du 23 avait fait prendre la fuite, et qui revient ici insulter à la douleur publique en criant par tout qu'il va venger sur les protestans la mort du prince que nous pleurons. »

Je supprimai ces passages; cette modération me valut un des démentis solennels que nous donna M. le comte Siméon le 25 avril.

On sait qu'il n'est pas impossible de pénétrer le secret des bureaux, et des personnes qui ont accès à la chancellerie et au ministère de l'intérieur m'ont assuré que dans les deux ministères, existait la correspondance la plus étendue comme la plus affligeante sur les faits indiqués dans l'article projeté pour ma pétition.

---

tive que l'un des juges du tribunal de première instance alla féliciter cet homme *innocent*, et l'embrassa cordialement pour lui témoigner l'excès de sa joie monarchique : je n'ai pu ajouter foi à de pareilles nouvelles, et vous engage à ne pas y croire plus que moi.

CH. DURAND.

M. le comte Siméon, qui venait d'avoir en mains le portefeuille de la justice, qui avait celui de l'intérieur lorsque ma pétition fut discutée, sera donc venu y répondre sans avoir pris aucun renseignement, sans avoir jeté les yeux sur cette correspondance, il faut le croire; mais qu'il me soit permis de donner une idée de l'effet des assertions erronées de Son Excellence, en citant un passage de la pétition des veuves de Nîmes à la chambre des députés.

« Quelle impression funeste ne veut-on pas » qu'ait produite sur notre esprit comme sur celui » de tous les Français la décision de la chambre » du conseil du tribunal de première instance de » Riom, qui a remis Troistaillons en liberté : mais » quelle impression plus funeste encore n'a pas » faite le discours de Monseigneur le ministre de » l'intérieur à la séance mémorable du 25 avril, » lorsque, accusant un magistrat de ne pas respec- » ter la chose jugée, il a soutenu que Troistaillons » avait été mis en jugement et acquitté ! Ainsi il » a étendu le manteau de la chose jugée sur une « simple décision de la chambre du conseil, et » cela en faveur de Troistaillons ; et cela contre » l'intérêt de la morale, de la justice et du repos » d'un département tout entier. Certes si cette » étrange assertion n'av...

» erreur involontaire, il ne nous resterait plus » qu'à présenter le sein aux hommes qui nous » menacent. »

» On nous dit *de ne pas rallumer les passions ;* on se trompe : les passions ne sont point » éteintes ; elles ne s'éteindront que lorsqu'on » nous aura rendu justice, etc., etc. »

Et l'on voulait qu'après tous ces démentis, qui rendaient les ministres complices (involontaires, je veux le croire) de nos adversités, on voulait que je retinsse captives les vérités contenues dans mes Rapports ! Il est vrai que, malgré les arrêts qui sont sortis de ma propre bouche, j'ai dit de Boudon et de Griffon ce qu'en pensent Vaucluse et le Gard.

Je l'ai dit, et en cela j'ai suivi l'exemple que m'avait donné le chef de la justice le 23 mars, avec cette différence que j'ai fait ces révélations dans des conjonctures bien plus difficiles, et que je ne suis pas comme lui protégé par un immense pouvoir.

J'ai publié mes Rapports parce qu'ils démontrent, en se rattachant à une époque non suspecte, l'existence et l'influence désastreuse d'un pouvoir occulte. Je vais maintenant en puiser de nouvelles preuves dans les actes d'un autre magistrat.

Observations sur l'administration de la justice dans les départemens de Vaucluse et du Gard en 1815.

A Carpentras aucun acte arbitraire n'avait eu lieu pendant les cent jours. Cette ville arbora le drapeau blanc dès qu'elle eut appris qu'il flottait à Marseille : aussitôt deux ou trois cents personnes, qui pouvaient craindre le ressentiment des royalistes, sortirent de la ville. Avignon n'arbora le drapeau blanc qu'à la nouvelle de la rentrée du Roi, et à l'instant six cents personnes sortirent de la ville avec armes et bagage. Les Avignonnais, qui devaient être bien aises de se voir délivrés de gens qui leur déplaisaient, ne furent pas satisfaits de l'émigration qui venait d'avoir lieu. Le lendemain une troupe de forcenés se porta aux maisons des fédérés, arrêta les personnes et mit le feu à plusieurs maisons; les métairies ne furent pas épargnées; plusieurs furent incendiées: on emprisonnait, on assassinait dans les champs comme dans les rues toutes les personnes que l'on soupçonnait appartenir au parti contraire. Carpentras voulut imiter cet exemple, et l'on y vit commencer le cours des dévastations, des contributions forcées, des arrestations arbitraires, exécutées par une vingtaine de misérables notoirement salariés par un comité. Les prisons furent remplies de *deux cents personnes arrêtées pendant* la nuit dans leurs maisons dont on avait forcé les portes : deux magistrats, MM. Waton et Poule, essuyèrent cet outrage. Heureusement M. Morel, substitut, eut le courage de les faire sortir; mais le lendemain cette troupe de bandits jeta les hauts cris, retourna dans les maisons de ces magistrats pour les réincarcérer, et menaça d'égorger tous les prisonniers si l'on s'avisait d'en faire sortir encore ; et, comme on se méfiait du concierge, qui se prêtait de mauvaise grâce à retenir ces malheureux, il fut chassé, et remplacé par un homme dévoué au parti. L'attitude et la conduite de la mairie nouvellement organisée furent-elles ce qu'exigeaient de si graves circonstances? Ne vit-on pas un fonctionnaire public applaudir et se mettre à la tête des enfans qui arrachaient le drapeau blanc de toutes les fenêtres des soi-disant patriotes.

La police judiciaire du département était alors confiée à M. Mezard, procureur du Roi près la cour d'assises de Carpentras ; ce magistrat avait donné les plus éclatantes preuves de fidélité au Roi pendant les cent jours, et il avait été destitué par Napoléon. Il se saisit noblement du privilége que son royalisme incontesté lui donnait d'élever la voix contre cette anarchie. Après avoir employé l'ascendant qu'il avait encore auprès des royalistes pour les détourner de ces excès, et surtout auprès des gens en place, il crut devoir adresser une lettre circulaire à tous les officiers de police du département pour les engager à employer leurs efforts pour arrêter ce débordement de crimes. Cette lettre était marquée au coin de la modération, de la sagesse et d'un attachement sincère à la bonne cause; néanmoins elle ne produisit de bons effets que dans les arrondissèmens d'Orange et d'Apt: c'est ce qui l'engagea à en faire une seconde, où étaient rappelés les ordres qu'il avait reçus du gouvernement. Cette nouvelle circulaire ne fit qu'augmenter la rage des réactionnaires d'Avignon et de Carpentras. Une violente persécution s'éleva contre ce magistrat: on répandait le bruit qu'il avait trahi la bonne cause depuis qu'elle était triomphante; qu'il avait acheté des biens nationaux (ce qui est faux), et qu'étant Français d'origine, il voulait s'opposer à la reddition du comtat au pape. Une proclamation du Roi affichée à sa porte fut remplacée par des placards infâmes; on y menaçait M. Mezard de lui faire éprouver le même sort qu'à MM. Waton et Poule: ses amis épouvantés désertèrent sa maion. On regardait comme une grande imprudence de sa part de se montrer en public. La municipalité convoqua tous les chefs de famille à l'exception de M. Mezard, et l'on fit délibérer à cette cohue, soulevée par les plus noires calomnies, de députer à Paris des personnes sûres pour aller porter plainte de la conduite de ce magistrat au ministère, et l'on donna connaissance de cette plainte à une société secrète, établie rue de Cl....., laquelle fut ensuite supprimée à cause de son exaltation.

Le ministre respectable (M. Barbé Marbois) qui était alors dépositaire des sceaux n'ajouta aucune foi aux plaintes absurdes portées contre M. Mezard; mais elles lui démontrèrent la violence de la haine que son vertueux dévouement avait excitée, et, afin de récompenser son courage et de le soustraire à des périls toujours renaissans, il le fit nommer président de chambre à la cour royale de Montpellier, et bientôt après premier président de la cour de Corse.

M. Mezard voulait-il présenter quelques observations aux particuliers et aux fonctionnaires sur lesquels il avait exercé jusqu'alors de l'influence, les uns lui répondaient (lorsqu'il parlait du respect dû aux ordres du Roi) qu'ils savaient à quoi s'en tenir relativement à ces ordres, et qu'ils en recevaient d'autre part; les autres, en présence desquels il déplorait la mort de tant de citoyens assassinés, répondaient que, quand il ne resterait *qu'un quart d'une pareille population,* il en resterait encore assez; d'autres, à qui il disait que bientôt les prisons ne suffiraient pas pour tant d'arrestations, répondaient *qu'il n'y avait qu'à faire un grand trou au cimetière pour y enterrer les prisonniers.* Un maire, auquel M. le sous-préfet Damartin avait envoyé l'ordre (venu du ministère) de faire arrêter un des plus redoutables scélérats de cette époque, répondit au gendarme porteur de la lettre, devant beaucoup de monde et en pleine place publique : *Est-ce qu'on n'est pas las de fatiguer ces braves gens, les meilleurs royalistes ?*

L'existence du comité directeur à Carpentras était un fait notoire; il avait à sa disposition vingt mauvais sujets, disposés à exécuter tous ses ordres, quels qu'ils fussent. Parmi cette troupe d'élite se trouvait un forçat libéré, et auquel le nom de *galerien* était demeuré. Il faut dire cependant que, par un reste de pudeur, on le fit retirer. Ce galérien a été depuis traduit pour vol devant une cour d'assises que je présidais, et acquitté : je ne pus jamais parvenir à l'empêcher, dans le cours des débats, de vanter scandaleusement son royalisme.

Un homme avait tiré un coup de pistolet en plein jour, sur la place publique, à un de ses camarades avec qui il avait eu une dispute; comme cet homme passait pour royaliste, non-seulement il ne fut pas possible alors de le poursuivre, mais on lui fit porter le buste du Roi pendant une solennité à laquelle toute la ville et tous les fonctionnaires publics assistèrent.

Pendant cette anarchie un fonctionnaire très relevé, ayant un ordre du ministère de venir se concerter avec M. Mezard pour faire cesser les actes arbitraires, fut obligé de se laisser entourer de tous les scélérats qui étaient la terreur du pays. Il envoya dire au procureur du Roi, qui avait reçu les mêmes ordres du garde-des-sceaux, de venir le trouver: M. Mezard se rendit à cette invitation. Subjugué sans doute par le redoutable cortège qu'il n'avait pu éviter, il dit, à haute voix, devant M. Mezard : « Je ne sais pas pourquoi on m'a fait venir ici; j'y vois tout tranquille, et l'on a calomnié ce pays. » M. Mezard lui répondit tout bas : *Est-ce ainsi, monsieur, que vous venez vous concerter avec moi?*

On n'a point oublié que, peu de temps après, le préfet fut chassé d'Avignon par la populace, irritée de l'arrestation d'un criminel.

Quelque temps après, les esprits s'étant un peu calmés, un fonctionnaire éminent reçut ordre de se transporter à Carpentras pour faire sortir de prison les personnes illégalement arrêtées. Telle était encore l'audace des factieux, que ce fonctionnaire n'aurait pu parvenir peut-être à exécuter son ordre s'il n'avait pas eu l'air de flatter l'anarchie, et d'en maltraiter les victimes au moment même où il venait pour les délivrer : il n'aurait pu rendre à la liberté des personnes arrêtées sans mandats d'arrêts s'il n'avait pas eu l'air de convertir en exil leur emprisonnement ; et, pour prévenir l'explosion de la fureur populaire, il fut réduit à lui accorder publiquement une apparente approbation. Il vint s'asseoir à l'audience, où il prit la place du président du tribunal : il en convoqua tous les juges pour venir prendre séance auprès de lui, et même le procureur du Roi, qui refusa d'y aller; il fit comparaître, en présence de la populace, les détenus l'un après l'autre, et demanda au peuple s'il y avait quelqu'un qui eût des dénonciations à faire. Comme personne ne porta plainte, il exila les détenus dans différens départemens, leur adressant en même temps les reproches les plus durs, et leur disant qu'ils étaient bien heureux qu'il n'y eût pas de preuves contre eux. Il ne leur donna pas un moment pour partir. C'était au fort de l'hiver ; et, comme un de ces malheureux demanda une heure pour se procurer un manteau et quelque argent pour vivre, faute de quoi il serait réduit à voler, *Tant mieux*, s'écria un des assistans, *si tu voles, tu seras guillotiné, et ce sera un coquin de moins.*

Plusieurs personnes m'ont assuré qu'un procès-verbal de cette fameuse séance avait été dressé et imprimé.

Le sous-préfet de Carpentras disait à M. Mezard, lorsque la réaction fut calmée : « J'ai craint pen- » dant trois jours qu'on ne fît le siége de votre » maison ».

Des personnes qui ont été en position de s'en assurer dans les bureaux de la chancellerie m'ont affirmé que tous les faits ci-dessus relatés figurent dans les rapports adressés dans le temps au ministère par M. Mezard.

Il est certain que le ministère d'alors usa de tous ses moyens et donna les ordres les plus énergiques pour mettre fin aux malheurs de ces contrées. M. de Serre a pris soin de nous apprendre, le 23 mars 1819, ce qui avait empêché les honorables efforts du ministère de produire les résultats qu'on en devait attendre. « *Sachez, mes-*

» *sieurs, qu'en quelques mains que le Roi ait*
» *daigné confier le soin de sa justice, tout a*
» *été fait pour atteindre le crime; mais sachez*
» *aussi le résultat des efforts du gouvernement*
» *du Roi:*

» *A Nîmes, etc., etc.* »

Discours de M. de Serre, à la chambre des députés, prononcé le 23 mars 1819.

Voilà ce que j'ai appris, pendant mon séjour à Carpentras, de la bouche d'une foule de citoyens recommandables, et de la bouche même de plusieurs amis de M. Mezard. Au reste ce respectable magistrat est dans ce moment à Paris, où il est venu publier un ouvrage. Je ne l'ai point vu : je n'ai pas l'honneur d'en être connu; mais je ne crains pas d'être démenti par lui.

Je ne crains pas non plus que les Morel, les Cartier, les Morard, les d'Astier, les de Pelissier, magistrats à Carpentras, me démentent. Les forcenés qui refusent à MM. Royer-Collard et Camille Jordan le titre de royalistes pourront bien aussi le refuser à MM. d'Astier, Morel, de Pelissier et Mezard; mais quant à moi l'approbation, même tacite de ces excellens citoyens, suffira pour me dédommager de toutes les fureurs auxquelles je me suis dévoué.

Voici la dernière circulaire de M. Mezard: cette pièce officielle mettra les hommes de bonne foi en position de décider si des attentats multipliés et monstrueux n'ont pas été commis, et si les comités secrets n'en ont pas seuls empêché la punition.

Carpentras, ce 30 novembre 1815.

Le procureur du Roi près la cour d'assises du département de Vaucluse,

A MM. les procureurs du Roi, et à tous les officiers de police judiciaire du même département,

Messieurs,

J'ai l'honneur de vous communiquer les ordres du Roi, que son ministre Mgr. le garde-des-sceaux m'a transmis dans sa lettre du 18 de ce mois.

Son cœur paternel a été douloureusement affecté des désordres qui ont affligé ce département, et Sa Majesté a ordonné que la justice en poursuivît la répression, et en punît les auteurs.

Je n'ai pas besoin, Messieurs, de vous recommander la poursuite des crimes commis pendant l'interrègne par les complices de la rebellion; votre attachement à la cause royale, votre haine contre l'usurpation et l'opinion publique fortement prononcée me répondent de votre zèle à sévir contre les ennemis du trône.

Mais si les provocateurs doivent être punis, peut-on accorder un brevet d'impunité à ceux qui ont abusé si violemment de la victoire, et qui à l'incendie, à l'assassinat et à la dévastation, crimes qu'on pourrait attribuer aux mouvemens de la vengeance populaire, ont joint le vol, le pillage, les exactions et tous les écarts de la dépravation et de la licence?

Peut-on justifier dans les uns ce qu'on condamne dans les autres? Quels sont les juges qui oseraient afficher une partialité aussi révoltante? quel est le tribunal qui, comme la commission d'Orange, voudrait ne juger des actions que par les personnes, des personnes que par les opinions, des opinions que par la rumeur publique et souvent par l'imposture et la calomnie? Les tribunaux de Vaucluse sont prêts à rendre une justice prompte et sévère; mais ils n'iront pas choisir une victime pour complaire à la fureur populaire, et condamner de préférence un *fédéré*, même coupable, en la présence des incendiaires impunis de sa maison, des assassins de ses parens, ou sur le témoignage des violateurs de son asile domestique.

Si du moins l'on pouvait compter sur le commencement de tranquillité que nous devons à quelques mesures sévères du gouvernement; s'il n'était pas à craindre que l'impunité ne ramenât les mêmes crimes et les mêmes désordres, peut-être faudrait-il examiner s'il ne conviendrait pas d'user de quelque indulgence, et de recommander à la clémence de Sa Majesté ceux des coupables qui pourraient avoir pour excuse de justes ressentimens, ou pour recommandation des services rendus à la bonne cause.

Mais, il faut le dire pour justifier la sévérité qui nous est recommandée, les mêmes élemens de troubles existent encore; les bras qui ont enchaîné arbitrairement les citoyens sont toujours armés; les factieux promettent bien d'être tranquilles, mais c'est à condition qu'on leur laissera faire ce qu'ils veulent: les chefs de bandes, malgré les ordres donnés contre eux, se montrent audacieusement dans nos rues; ils présentent la main aux gendarmes chargés de les arrêter, et ne manquent ni de protecteurs, ni d'asile; que dis-je! ils obtiennent plus que d'être protégés; ils protègent!!!

Il faut donc, pour rétablir l'équilibre, pour faire rentrer dans l'âme des hommes pervertis la terreur qu'ils répandent, *il faut des exemples :* il faut que toutes les volontés cèdent à celle du Roi, et que la crainte des peines contienne ceux pour qui la morale et la religion sont des freins impuissans.

Reprenez-donc, Messieurs, l'attitude qui convient au magistrat; reprenez cette activité trop long-temps comprimée, et qui n'a jamais été aussi nécessaire que dans ce moment; que, d'un bout du département à l'autre, la police judiciaire se relève par un mouvement spontané et général; montrons à tous les factieux, quelle que soit la dénomination qu'ils prennent ou qu'on leur donne, montrons-leur un front inaltérable, une énergie égale à notre impartialité; vous serez soutenus par l'administration et la force publique : Sa Majesté a ordonné à ses ministres de l'intérieur et de la police de prendre des mesures pour que *Force reste à la justice.*

Mais, s'il faut punir les crimes, il s'ensuit qu'il faut examiner si ceux qui en sont prévenus sont coupables.

Depuis quatre mois, près de trois cents per-

sonnes (1) *ont été arrêtées arbitrairement, et jetées dans les prisons ; quelques-unes ont été*

---

(1) A Nîmes, onze cents personnes ont été ainsi arrêtées sans mandat d'arrêt par la populace, qu'on excitait à cette chasse des protestans. Au mois de septembre j'ai trouvé, *j'ai vu* à la prison du Palais ou à la citadelle plus de six cents protestans, tous détenus sans mandat d'arrêt, sans l'ordre d'aucune autorité. Il est vrai que sur les onze cents prisonniers, et même sur les six cents que j'ai trouvés en septembre, beaucoup n'ont été détenus que pendant quelques semaines, un petit nombre même pendant quelques jours, par exemple, M. Isnard, ex-commandant de la garde urbaine; mais plusieurs centaines y sont restées quelques mois. On en a vu y rester six mois sans pouvoir parvenir ni à être jugés, ni à être élargis, ni à faire régulariser leur emprisonnement.

Je m'attends que les hommes dont Troistaillons prenait et exécutait les ordres vont crier à l'exagération, peut-être même à la calomnie, et ils auront raison, le moment est favorable ; il leur sera aisé maintenant de prouver à M. Mezard qu'il a menti en se plaignant de trois cents arrestations illégales, et que j'ai menti en affirmant que onze cents personnes ont été arrêtées à Nîmes sans mandat d'arrêt.

Un libelle imprimé à Nîmes ne m'a-t-il pas menacé d'une attaque en calomnie de la part de Troistaillons? Je m'attends à voir Griffon et Boudon se joindre à cette attaque.

élargies ; mais la plupart attendent encore le juge qui doit les interroger, et qui, pour ne pas

---

Les personnes éminentes, les fonctionnaires qui ont signé le brevet de royalisme envoyé à Riom en faveur de cet homme de bien persécuté ; ces hommes qui ont forcé un ecclésiastique à demander à Mgr le duc d'Angoulême la liberté de Troistaillons ; les vingt-six témoins qui (dans la procédure sur laquelle intervint une condamnation capitale par contumace) ont déposé et signé que le général Gilly avait de sa main et *sous leurs yeux* enlevé le drapeau blanc le 3 avril 1815, quoiqu'il ait été matériellement prouvé que le général Gilly était à quinze lieues de Nîmes lorsque le drapeau tricolore y fut arboré, et qu'il n'y était rentré que trois jours après ; les personnes qui ont écrit que Troistaillons, *cet honnête cultivateur*, avait été exaspéré par la dévastation de ses propriétés, quoique ces propriétés, situées au bord de la grande route, et dans lesquelles on n'a coupé ni un cep de vigne, ni un olivier, prouvent la fausseté de ces assertions, toutes ces personnes viendront jurer que nous sommes des calomniateurs.

En 1820 on n'avouera plus, comme en 1815, les onze cents arrestations ; on n'avouera plus le jugement et l'exécution de ce capitaine, condamné pour avoir pris la cocarde tricolore le 3 avril, et exécuté au mois d'août par ordre d'un conseil de guerre, au mépris de la proclamation royale qui avait annoncé amnistie générale pour tous les faits postérieurs au 23 mars ; on ne se bornera plus à excuser ces crimes en disant qu'ils calmèrent le peuple

compromettre la tranquillité publique, n'a pu prendre qu'une connaissance imparfaite de ces

---

et l'empêchèrent de faire un massacre universel ; on ne cherchera plus à les pallier ; on les niera peut-être..... On niera peut-être le massacre du 13e de ligne, égorgé au mépris d'une capitulation ; on niera l'exécution des protestans fusillés sans jugement sous les fenêtres du sous-préfet d'Uzès ; on niera la dépilation opérée en pleine place publique sur les femmes protestantes par des furies qui obligaient les témoins de cet effroyable supplice à crier *vive le Roi!* et qui criaient en dansant autour de la victime : *Point de pitié ; il faut les arracher tous ; voyez, ils sont tricolores!!!* Ils démentiront, sur ce fait comme sur les autres, M. Cavalier, procureur général, qui l'*a constaté dans ses rapports au Gouvernement*, et qu'ils sont arrivés à faire destituer pour avoir protesté contre leurs crimes.

A l'époque où nous sommes parvenus, ils trouveront encore des voix GÉNÉREUSES prêtes à étouffer celle de M. d'Argenson, et à le rappeler à l'ordre quand il voudra renouveler SES CALOMNIES. Alors toute cette cohorte de sicaires, de faux témoins payans ou payés, jureront unanimement que M. Mezard et moi nous sommes des calomniateurs ; et nous n'aurons pour dédommagement que l'approbation et la pitié muettes de l'immense majorité de la France et de l'Europe.

M. Cavalier a gardé nuit et jour sa robe sur le corps, en 1815, pendant plus de trois semaines. L'ayant ainsi trouvé en costume chez lui, je lui en témoignai quelque

arrestations. Je ne m'explique pas davantage...

Il faut tâcher, MM. les procureurs du Roi, de faire oublier ce déni forcé de justice en se hâtant de le réparer.

---

surprise ; il me répondit : « C'est couvert de ma toge que » je veux me présenter aux assassins, que j'attends à » chaque instant. J'ai *écrit au Gouvernement* que j'at- » tendais la mort, et que je la recevrais sans peine, parce » que la mort seule pourra peut-être absoudre mon mi- » nistère des crimes que je ne puis arrêter !!! » Voilà le procureur général que les implacables ont fait destituer.

J'atteste devant Dieu et devant les hommes que je ne suis pas moins convaincu de ce que j'ai écrit que de mon existence ; je jure que je ne l'ai pas publié pour enflammer les ressentimens, mais dans l'espérance de préserver mon prince et mon pays des plus affreux malheurs. Je n'ai été conduit que par le désir de préserver la France et la dynastie du joug de fer des hommes de 1815.

Pensent-ils ces hommes, quand déjà ils ont regardé les droits les plus précieux des citoyens comme un bien de confiscation, et qu'ils les ont foulés aux pieds, pensent-ils qu'ils m'effraieront par leurs menaces? *je puis tomber sous leurs coups, mais jamais à leurs pieds.* S'ils veulent m'imposer silence sur les crimes dont j'ai été si long-temps témoin ; s'ils veulent faire cesser mes cris contre leur système affreux d'impunité, ce n'est pas ma censure et ma suspension qu'ils doivent désirer, c'est ma vie qu'ils doivent offrir à leurs sicaires, c'est ma voix qu'il faut étouffer, parce que jusqu'au dernier souffle je l'emploierai à combattre leur criminel pouvoir.

Une observation que je ne dois pas oublier, c'est qu'il ne suffit pas, pour qu'un prisonnier soit retenu et mis en jugement, qu'il ait été fédéré, si, à cette inculpation morale, il ne s'en joint quelque autre prise dans le code pénal : telle est la décision que Mgr. le garde-des-sceaux m'a transmise dans sa lettre du 27 septembre. Sans doute l'adhésion donnée à cette monstrueuse association est un fort indice d'immoralité; mais tout ce que peuvent faire les tribunaux, c'est d'appliquer, contre un fédéré reconnu coupable d'un délit, toute la latitude de la peine.

De même, quoique tout citoyen qui obéit aux lois et respecte l'autorité royale doive être protégé efficacement, quelles qu'aient pu être ses opinions particulières dans le cours de cette malheureuse révolution, cependant ceux qui persisteraient dans des habitudes révolutionnaires doivent être réprimés plus sévèrement par les tribunaux s'ils manifestent un attachement coupable aux gouvernemens qui ont causé tous nos maux. *Sa Majesté veut*, Messieurs, *oublier les erreurs, pardonner les fautes passées ;* mais elle exige que vous sévissiez sans ménagement contre l'obstination et l'audace inspirées par une longue impunité.

Telle est, Messieurs, l'étendue et l'importance de la tâche qui vous est imposée. Si je vous l'ai présentée avec quelque développement, c'est moins pour votre instruction que pour l'édification publique. Hélas ! pourquoi faut-il qu'il soit plus difficile de faire désirer aux honnêtes gens le retour de l'ordre et de la justice que de le faire craindre aux scélérats. Quel est donc ce mauvais génie qui jette l'alarme et la méfiance? N'a-t-il pas persuadé à quelques hommes simples et crédules que le gouvernement autorisait par son silence des désordres qui, s'ils n'étaient réprimés, finiraient par le renverser lui-même ? et que, si les tribunaux sévissaient contre les excès révolutionnaires, et reversaient dans la société quelques insignifians personnages, le trône et ses défenseurs couraient le plus grand danger ? Quoi ! presque toutes les communes du département ont tenu ferme contre la fédération armée, soutenue par l'autorité usurpatrice et par ses satellites, et nous ne pourrions pas lutter avec avantage contre les restes de cette faction abattue, consternée et fugitive ! La ville de Carpentras a arboré, le 29 juin, le signe de la fidélité, en présence de tous les fédéralistes, forts de leur audace et de la terreur qui les précédait, et elle ne pourrait le défendre, ce drapeau sans tache à présent qu'ils tremblent à la vue d'un seul royaliste ! Ah ! quelle craigne bien plutôt, si elle ne se hâte de comprimer une poignée de factieux qui font taire les lois, de compromettre sa réputation, et de ternir par sa faiblesse l'éclat de son royalisme ; ou plutôt que ces hommes égarés abjurent leurs erreurs, et leurs torts seront bientôt oubliés. C'est le vœu que, pour l'intérêt de mes concitoyens, je forme et je manifeste depuis quatre mois, au risque même de leur déplaire en voulant les servir.

Est-ce donc par les moyens révolutionnaires qu'on veut terminer la révolution ? est ce par l'immortalité systématisée qu'on régénérera les mœurs publiques ? est-ce par la persécution populaire qu'on inspirera l'amour de la restauration ? est-ce par des actes de vengeance qu'on peut se flatter d'éteindre toutes les haines, tous les souvenirs ?

Ah ! qu'on se repose sur le Roi aussi éclairé que juste que la Providence avait laissé en dépôt pour le repos de la France ! Que les bons citoyens se rallient autour de sa haute sagesse ! qu'ils laissent agir, qu'ils secondent la justice que je réclame en son nom ! la justice est la sauvegarde de tout ce que l'homme a de plus précieux : si sa force s'affaiblit un moment; tout souffre dans l'état; sans elle il n'y a plus que désordre, confusion, anarchie..... il n'y a plus de liberté.

Recevez, Messieurs, etc.

Signé MEZARD.

Partout les HONNÊTES GENS suivaient le même système, et affectaient un effroi que la présence de huit cent mille soldats étrangers avait complètement dissipé. A Carpentras ils feignent de redouter des hommes *qui tremblent à la vue d'un seul royaliste;* à Nîmes, le 16 octobre 1815, lorsqu'ils ont donné, par des coups de fusils tirés spontanément en vingt lieux différens, le signal d'une Saint-Barthélemy hautement annoncée, et que leur horrible projet est déjoué par l'héroïque comte Lagarde, ils prétendent que les trois hommes qu'ils ont égorgés, pendant cette nuit qui pouvait devenir funeste, ont mérité leur sort en engageant le combat; et, des personnes éminentes dans la société, qui savent que sur quatorze mille protestans habitant à Nîmes onze mille ont pris la fuite, et n'y sont pas rentrés malgré l'arrêté qui le leur enjoignait sous *peine de séquestration de biens;* ces personnes, qui savent que les protestans ont été soigneusement désarmés, et que cette poignée de proscrits est glacée de terreur; ces personnes écrivent et impriment que les protestans ont tiré des coups de fusils dans Nîmes sur une garde nationale et une garnison fortes de plus de cinq mille hommes. Le 12 novembre, le temple des protestans est forcé; le général est assassiné en présence de la garde nationale et de la garnison immobiles, et sur-le-champ les personnes les plus éminentes écrivent et impriment que ces crimes ont été provoqués par l'insolence de cette poignée de protestans proscrits et désarmés. L'assassin du général Lagarde est-il jugé; croit-on apercevoir un indice de préméditation dans cette précaution qu'il avait eue de s'armer d'un pistolet; l'assassin répond, au milieu des acclamations du peuple et des cris de *vive le Roi!* que, son uniforme de sergent-major de la garde nationale n'étant pas une garantie suffisante, il porte un pistolet pour se défendre contre cette poignée de protestans; et son avocat, *major de la garde nationale*, saisit cette occasion d'outrager tous les protestans de Nîmes, sans exception, par ces mots génériques : « *Au mois de novembre* 1815, » LES ENNEMIS DE LA LÉGITIMITÉ *avaient repris* » *leur audace, quoiqu'ils n'eussent pas encore* » *rouvert leurs temples.* »

Voici d'autres exemples de la terreur que les

assassins inspiraient aux citoyens qui avaient été long-temps exempts de faiblesse.

Nîmes, 31 juillet 1815.

Nota. Cette lettre sera mise en original sous les yeux de la cour de cassation.

*Le président *** de la cour de Nîmes, à M. Madier de Montjau, conseiller en la même cour.*

« Monsieur, et cher collègue, je suis fâché que » la maladie de madame de Montjau ne vous per- » mette pas de vous réunir à la compagnie dans un » moment où la présence d'un corps aussi respec- » table peut en imposer. Nos collègues arrivent » tous les jours, et nous comptons être *après-* » *demain* assez nombreux pour faire une adresse » au Roi, sous la présidence de M. Forton. »

« Je gémis comme tous les honnêtes gens des » excès qui se commettent, et je pense que les » bons citoyens qui se sont retirés, et qui n'ont » rien à se reprocher, feraient bien de reprendre » leurs travaux de manufacture : alors, chacun » étant occupé, *on aurait moins à redouter les* » *effets de l'oisiveté.* »

Je désire que vous ne profitiez pas du congé

que vous avez demandé, et que vous reveniez bientôt. *Je pense qu'on sera aujourd'hui plus tranquille à Nîmes que partout ailleurs.*

J'ai l'honneur d'être, etc.,

A l'époque où cette lettre était écrite, déjà une foule de protestans avaient été égorgés; déjà le 13e. régiment de la ligne avaient été massacré après une capitulation; les protestans étaient à toute heure mis à rançon, et cependant on semble n'attribuer ces forfaits qu'à l'oisiveté des ouvriers. On engage à revenir les manufacturiers qui sont sans reproche, comme si ceux qu'on avait pillés et tués n'étaient pas également innocens.

On gémit des excès passés; mais on promet un avenir satisfaisant. *Je pense qu'on sera aujourd'hui* plus tranquille à Nîmes que partout ailleurs. Cette lettre est du 31 juillet; le 2 août (ce jour désigné pour faire une adresse au Roi), le 2 août le capitaine Bourillon fut tué par Truphemi, à *midi sur l'esplanade en face du palais; les magistrats réunis à la salle du conseil entendirent les coups de feu qui lui donnèrent la mort.*

Je crois que l'auteur de la lettre s'affligeait réellement de ces crimes; mais il cédait aux circonstances, mais il ne voulait pas mettre ses expressions en contradiction avec celles de ce commissaire extraordinaire qui, peu de jours avant, ordonna aux protestans qui fuyaient la mort de revenir à Nîmes dans le délai de huit jours se replacer sous le fer des bourreaux s'ils voulaient éviter la séquestration de leurs biens.

Voici un exemple de la complaisance de certains fonctionnaires pour l'anarchie.

Extraits d'une proclamation publiée le 7 septembre par le marquis d'Arbaud-Jouques, qui succéda à ce commissaire extraordinaire.

« Habitans du Gard, dans les premiers momens qui ont suivi la chute du tyran, une indignation *trop universelle, trop naturelle, trop irréfléchie pour n'être pas excusable*, éclata parmi vous contre les ennemis du meilleur des Rois. Quelques maisons particulières furent par vous attaquées et détruites; mais, toute illégale que fut cette *vengeance*, au moins ne fut-elle pas souillée par la honte du pillage; l'indignation populaire ne fut pas avilie par l'esprit de brigandage.

Eh bien! habitans du Gard, voyez cependant quelles ont été les suites d'une simple erreur etc. etc.

Quelles abominables concessions !! (1)

On demeure confondu, épouvanté en lisant

---

(1) Je lis dans le *Journal des Débats* du 24 novembre le passage suivant ; le lecteur jugera de l'analogie.

« On a cependant vanté l'opposition du ministre Roland aux affreux massacres du 2 septembre. ette Copposition fut impuissante, et elle ne devait pas l'être : il devait se porter sur les lieux; il devait y périr plutôt que de permettre que son ministère fût à jamais souillé par des crimes qui font frémir l'humanité : c'était son devoir; et si ce devoir était au-dessus de son courage et de ses forces, il devait du moins donner sa démission, et ne plus garder une place désormais déshonorée. Remarquons d'ailleurs que son improbation fut pleine de lâcheté. « Hier, écrivait-il le 3 septembre, hier fut un jour sur les » événemens duquel il faut *peut-être* laisser un voile. Je » sais que le peuple, terrible dans *sa vengeance*, y porte » encore une sorte de justice : il ne prend pas pour victime » tout ce qui se présente à sa fureur; il la dirige sur ceux qu'*il croit avoir été trop long-temps épargnés* par le » glaive de la loi (Quelle abominable concession !) J'ai » admiré, dit-il ailleurs, le 10 août; j'ai frémi *sur les suites* » du 2 septembre. J'ai bien jugé ce que la *patience longue* » et *trompée* du peuple, et ce que *sa justice* terrible en » devait produire. *Je n'ai point encore imprudemment* » *blâmé un premier mouvement ;* j'ai cru qu'il fallait » éviter sa *continuité*, et que ceux qui travaillaient à le » continuer étaient *trompés par leur imagination*, etc. » Dans tout ceci je ne trouve de plus coupable que M Roland, que les septembriseurs eux-mêmes. »

6

des impostures si audacieuses. Quoi! des meurtres qui duraient depuis 52 jours! Quoi! le massacre du 13me. régiment de ligne n'était qu'une vengeance illégale! Quoi! le peuple ne s'était avili ni par le pillage ni par le brigandage, tandis qu'on avait mis à rançon tous les protestans, à l'exception de quelques familles! tandis que dans Nîmes on avait détruit ou pillé plus de 40 maisons! tandis que plus de deux cents métairies avaient été dévastées, brûlées ou pillées!

Les pillages commis à main armée chez MM. Vincens Mourgue, de Roux Amphoux étaient-ils sortis de la mémoire de M. d'Arbaud Jouques, ou bien confondait-il ces deux respectables citoyens avec les objets de cette indignation *trop naturelle, trop universelle, trop irréfléchie pour n'être pas excusable?*

Ah! quand la plus atroce populace est excusée par de semblables proclamations, faut-il s'étonner des forfaits qu'elle a commis?

Réponse à une des attaques de M. Clauzel de Coussergues.

M. Clausel de Coussergues m'adresse plusieurs fois des injures dans son pamphlet : je n'ai ni le temps ni la volonté de réfuter toutes ces accusations; je me bornerai à un seul fait qui fera connaître ses intentions.

Il dit (pag. 101 des pièces justificatives) au sujet d'une amnistie dont j'ai été le négociateur : » M. Madier Montjau faisant la guerre ouvertement au gouvernement du Roi, en attendant » de la faire au gouvernement occulte........ Ne » pourrait-on pas en conclure que la guerre au » gouvernement occulte et la guerre à la légitimité ne sont qu'une seule et même chose ? »

Voici l'exacte vérité sur les événemens qui m'ont valu la haine de M. Clauzel de Coussergues.

A la fin des cent jours Nîmes était occupé par des troupes qui, menacées hautement par la réaction, ne voulaient reconnaître que les ordres directement émanés du trône. Elle refusaiant de se confier aveuglément à des hommes qui, jusqu'alors inconnus, se présentaient tout à coup pour leur servir de chefs, et se disaient investis d'un pouvoir dictatorial, sans prouver que leur mission eût été légitimée par le monarque. Ces troupes voulaient attendre ce qu'il plairait au Roi d'ordonner de leur sort.

A Beaucaire commandaient depuis le 1.er

juillet MM. de Calvière, de Bernis et de Barre. Ils avaient annoncé leur arrivée par des arrêtés violens, et par la nomination de quelques agens dont le nom seul fut un sujet de scandale et de terreur. Leur armée, si l'on veut lui accorder ce nom, grossissait chaque jour, et chaque jour elle préludait, par la dévastation des campagnes, aux horreurs dont Nîmes allait devenir le sanglant théâtre.

Je me crus autorisé à quitter une ville contre laquelle je voyais organiser l'anarchie, et où le cours de la justice était déjà suspendu. J'allais partir, lorsque le conseil municipal vint me presser de me rendre à Beaucaire, pour prévenir, s'il était possible, le choc des deux armées près d'en venir aux mains. Déjà une députation vainement avait tenté de pénétrer jusqu'aux commissaires du Roi, elle avait été repoussée avec d'horribles menaces.

Je n'hésitai pas à me charger de cette mission, et je me félicite de l'avoir acceptée; la certitude d'avoir empêché d'effroyables calamités est un bonheur que les méchans ne pourront jamais me ravir.

Je ne dirai pas combien de fois je fus menacé de la mort à chaque avant-poste; combien d'insultes et de mauvais traitemens il me fallut dévorer pour entrer à Beaucaire ; on devinera aisément que le caractère de parlementaire dut être mal respecté par de si étranges soldats. Il serait donc superflu de parler des dangers que je courus après les avoir prévus.

Le 6 juillet, après plusieurs heures de conférences très-vives, je déterminai les commissaires à consentir à un armistice, et je me hâtai d'en rapporter la nouvelle, osant à peine croire à l'inexprimable bonheur d'avoir obtenu une convention qui allait changer entièrement la situation des deux partis.

De violens murmures éclatèrent bientôt à Beaucaire parmi les soldats des commissaires: la plupart, animés de l'ardeur du butin, et non d'un zèle honorable pour la cause royale, s'écrièrent : « tout est manqué si le département reconnaît paisiblement l'autorité du Roi sans notre intervention ! plus de prétextes pour obtenir des récompenses, plus de prétextes pour les vengeances : un combat peut seul nous donner le droit de traiter Nîmes comme une ville prise d'assaut, et d'exterminer les protestans. »

Je ne veux pas accuser MM. de Calvière et de Bernis d'avoir partagé ces regrets, d'avoir fait ces barbares calculs ; ce que je ne puis taire, c'est qu'ils dénoncèrent l'armistice, et annoncèrent les hostilités pour le 13 ; mais déjà il n'était plus temps de reprendre les cruels avantages que leurs soldats frémissaient d'avoir perdu. Les citoyens les plus sages avaient utilisé des momens précieux ; leurs exhortations avaient vaincu toutes les résistances ; personne ne pensait plus à repousser les commissaires, malgré la terreur inspirée par leurs premiers actes.

Le 14 on vit disparaître la cocarde tricolore, et Beaucaire apprit que ses proconsuls pouvaient venir librement s'installer et se faire reconnaître. Le 15 la troupe de ligne et la garde nationale prirent la cocarde blanche, et cependant les commissaires, naguère si impatiens d'entrer à Nîmes, ne semblaient plus songer à y venir. Le 16 la rentrée du Roi à Paris fut proclamée à Nîmes avec une grande solennité, et cependant les commissaires ne se présentèrent pas. Le 17 la ville était envahie par des milliers de furieux accourus des villages environnans et de l'armée de Beaucaire, et cependant les commissaires, dont la présence aurait tout calmé, ne daignèrent pas venir encore se charger de l'administration.

Enfin cette funeste apathie produisit son effet, et l'on vit commencer le cours des assassinats.

Sans doute ces crimes ont été affreux et multipliés; mais combien plus terrible encore aurait été le sort de ce malheureux pays sans l'armistice qui enleva aux assassins la possibilité d'alléguer le prétexte d'une résistance armée! Tout étant soumis, le drapeau blanc flottant depuis trois jours à toutes les fenêtres, il fallut bien désavouer les sicaires; et quoiqu'on ne fît rien pour arrêter leurs forfaits, on se crut au moins obligé de condamner par des proclamations des atrocités que sans l'armistice on aurait audacieusement décorées du nom d'expédition militaire et de représailles.

Je ne crains pas de le dire, l'armistice rendit impossible de cacher la vérité au Roi; l'armistice empêcha la guerre civile d'éclater, et l'on concevra combien elle eût été terrible et dangereuse si l'on songe que les Cévennes en seraient devenues le théâtre, et que non loin de ces contrées se trouvait une armée qui allait subir l'épreuve du licenciement! Eh bien! c'est au sujet des événemens que je viens de retracer que j'ai été récemment attaqué par la calomnie!

Dans un libelle formé de cent libelles, et que

M. Clauzel de Coussergues n'a pas craint de revêtir de son nom, il est dit au sujet des négociations de Beaucaire : « *On voit qu'alors M. Madier attaquait ouvertement le gouvernement du Roi.* » Ainsi le ministère de paix que j'ai accepté et rempli au péril de ma vie, ainsi mes efforts pour empêcher l'effusion du sang et la guerre civile la plus funeste pour le Roi, étaient, selon vous, des actes de rebellion. Je connais, je conçois la colère et le dépit que ce traité fit éprouver à vos amis ; je connais la haine qu'ils m'ont jurée depuis ce moment ; mais avant vous aucun d'eux n'avait avoué la cause de cette haine. Ils n'avaient pas osé transformer en crime mon dévouement. Plus juste que vous, M. de Bernis lui-même m'écrivait, le 9 juillet, dans cette lettre que vous avez tronquée avec si peu de loyauté ; M. de Bernis m'écrivait : « *Ce sera toujours avec satisfaction que je répondrai aux éclaircissemens que vous me demandez, persuadé de votre zèle pour le service du Roi et le bien de votre pays. Vous trouverez toujours en moi, etc.*

On peut, par ce seul exemple, apprécier la bonne foi de mes ennemis.

Je n'ai pas besoin de répéter ici que la censure, toujours aussi fidèle à ses instructions, laisse passer avec bienveillance toutes les diatribes de mes ennemis, et qu'elle continue à mutiler, et le plus souvent à refuser les réponses que ces attaques provoquent.

Les censeurs du ministère encouragent les calomnies contre moi; les avocats généraux apprennent à un auditoire immense que je suis complice de Louvel et de Gravier, et le ministère se tait. Il était autrefois plus soigneux de ma réputation, et des attaques moins condamnables excitaient toute son indigation. Sa sollicitude pour moi ne se bornait pas à repousser l'insulte, elle exigeait mon apologie.

Au mois d'août 1819, une feuille périodique crut pouvoir me reprocher une modération qu'elle prenait pour de la tiédeur et de la faiblesse; certainement j'aurais laissé cette attaque sans réponse : le Courrier, journal semi-officiel à cette époque, rédigé sous la direction immédiate de plusieurs conseillers d'état *et même d'un ministre,* entreprit sur-le-champ ma justification, et deux jours après l'inculpation dont j'avais été l'objet, parut l'article que voici :

Extrait du Courrier *du 15 août* 1819.

« *Nous avons aussi nos doctrinaires*, écrit-
» on de Nîmes au *Censeur Européen.* Il serait
» difficile de persuader à aucun Nîmois raisonnable
» que M. Madier-Montjau, placé par *le Correspon-*
» *dant de Nîmes* à la tête *des doctrinaires*, ne
» soit pas un *constitutionnel;* et les sincères amis
» de l'ordre et de la liberté auraient quelque peine
» à prendre confiance dans un parti qui sérieuse-
» ment, et en matière importante, refuserait de se
» joindre à M. Madier-Montjau, *à l'homme dont*
» *la voix courageuse s'est fait entendre presque*
» *seule dans ces momens déplorables où Nîmes*
» NE SEMBLAIT RENFERMER QUE DES ASSASSINS ET
» DES VICTIMES, *au magistrat qui a su s'exposer*
» *alors* SANS ESPÉRANCE DE SUCCÈS, ET SEULEMENT
» POUR FAIRE SON DEVOIR. . . . .
. . . . On peut
» mander au *Drapeau Blanc* et aux journaux
» qui ne veulent rien oublier, si ce n'est le midi
» en 1815, que, dans le Gard, des miracles d'u-
» nion et d'oubli ont déjà rapproché les partis les
» plus contraires. Cela serait fort désirable; mais,
» de long-temps encore, il n'y aura dans le Gard
» de véritable union qu'entre les hommes inter-

» ressés à maintenir nos institutions sur les » garanties de l'ordre ; l'oubli n'y atteindra de » long-temps certains faits. Le *Censeur* peut se » rassurer sur l'opinion de ceux qu'il appelle » *Ministériels* ; ce n'est pas à Nîmes qu'il serait » possible de l'être, *per fas et nefas*, *et jusqu'à » ce que nous possédions un gouvernement de » la façon des hommes d'états du Drapeau-» Blanc ou de la Quotidienne, il est à Nîmes » tel choix qu'aucun ministre ne pourrait se » flatter d'obtenir de ses plus dévoués par-» tisans.* »

Je laisse à de plus habiles le soin de prévoir l'époque où nous posséderons un ministère sous l'empire duquel *certains choix* redeviendront possibles à Nîmes.

REQUÊTE
A LA
COUR DE CASSATION,
ET
OBSERVATIONS A L'APPUI,
PRÉSENTÉES
PAR M. MADIER DE MONTJAU.

LETTRE *à M. le Comte de Sèze, premier Président.*
LETTRE *à Messieurs les Conseillers de la Cour de cassation.*

REQUÊTE.

A Messieurs les premier Président, Présidens et Conseillers de la Cour de cassation,

Joseph-Paulin Madier de Montjau, conseiller à la Cour royale de Nîmes,

A L'HONNEUR D'EXPOSER CE QUI SUIT:

L'exposant se trouve menacé dans sa personne et dans son état ; il est devenu l'objet d'un réquisitoire qui tendrait à lui faire appliquer les peines autorisées en certains cas contre les magistrats par le sénatus-consulte impérial du 16 thermidor an 10.

Plus cette accusation a paru grave en raison de la qualité des faits, de la dignité dont le fonctionnaire inculpé est revêtu, et des mesures qu'elle peut entraîner contre lui, plus la Cour de cassation, et il faut le dire aussi, l'accusateur lui-même, ont cru devoir y mettre de prudence et de ménagement.

Monsieur le Procureur général, sachant bien qu'il était impossible de condamner M. de Montjau sans l'avoir *entendu*, a pressenti à cet égard le vœu de la Cour en requérant, ce qu'elle a depuis ordonné, que M. de Montjau serait cité à comparaître devant elle, tant pour répondre aux *questions* qui lui seront adressées que pour fournir les *explications* qu'il croirait convenable de donner.

Ainsi le droit de défense a été pleinement réservé à l'exposant, et il ne pouvait pas en être autrement.

En effet, il est *inculpé*; on provoque contre lui l'application de dispositions *pénales*; il doit donc jouir du droit naturel de se défendre, qui appartient à tout homme, à tout citoyen.

Cependant quel n'a pas été son étonnement lorsque, dans une audience qu'a bien voulu lui accorder monseigneur le Garde-des-Sceaux, ayant exprimé à ce ministre, qui doit être l'un de ses juges, l'intention de se choisir un conseil pour l'assister dans sa défense, sa grandeur a fait entendre à l'exposant qu'il n'aurait pas cette faculté; qu'il devait songer à se défendre lui-même; que s'il ne s'en sentait pas capable, alors c'est qu'il n'était pas capable non plus d'exercer sa magistrature; que d'ailleurs tout se bornerait à quelques questions auxquelles il aurait à donner des réponses catégoriques sur lesquelles on jugerait!

A ces assertions l'exposant a répondu respectueusement qu'on pouvait être fort bon juge et n'avoir pas toutefois le don de la parole; que d'ailleurs, dans sa propre cause. L'homme le plus habile et le plus sûr de ses bonnes intentions devait se défier de ces émotions subites dont on n'est pas toujours maître quand il s'agit de soi; qu'enfin l'état habituel de maladie de l'exposant pourrait l'empêcher de mettre à exécution le dessein où il est de se défendre lui-même. Ces raisons n'ont pas paru toucher monseigneur le Garde-des-Sceaux; de sorte que l'exposant a lieu de craindre que sa grandeur, comme président de la Cour à l'occasion de son procès, n'interdise l'entrée de l'audience à ses conseils, et la parole à l'avocat qu'il se sera choisi.

Dans ces circonstances, et attendu que M. de Montjau devra sans doute répondre personnellement aux questions qu'il plaira à M. le Président de lui faire au nom de la Cour, mais que l'interrogatoire n'est pas la défense, et qu'après les réponses fournies, il restera à donner les explications et les développemens que pourront exiger tant le premier réquisitoire de M. le Procureur général que celui qui sera prononcé à la prochaine audience de la Cour, attendu qu'il ne s'agit pas ici d'une chose de simple étiquette, ou de police d'audiences du genre de celles dont le réglement est abandonné au pouvoir discrétionnaire du magistrat qui préside l'audience, mais qu'il s'agit d'un droit naturel et positif, assuré et garanti par toutes les lois à tous les citoyens, et dont M. de Montjau, quoique magistrat, ne pourrait être privé sans injustice; attendu qu'il ne s'agit pas ici d'une matière civile, ou de celles dans lesquelles les avocats de la Cour de cassation ont seuls le droit d'occuper, mais qu'il s'agit d'une matière pénale, et que l'usage constant de la Cour, d'accord en cela avec le droit non moins constant des parties, est de leur laisser toute espèce de latitude dans le choix de leurs conseils et de leurs défenseurs;

L'exposant supplie humblement qu'il plaise à la Cour de cassation l'autoriser à se choisir un conseil, tant parmi les avocats spécialement attachés à la Cour que dans le barreau de Paris, à l'effet de l'assister à l'audience de la Cour, et de plaider ou répliquer pour lui, suivant et ainsi qu'il avisera dans l'intérêt de sa défense; et vous ferez justice.

NICOD, avocat; MADIER DE MONTJAU.

OBSERVATIONS

à l'appui de la Requête ci-dessus à MM. les premier Président, Présidens et Conseillers de la Cour de cassation.

MESSIEURS,

L'exposant a eu l'honneur de présenter requête à la Cour, tendant à ce qu'il lui fût permis de s'adjoindre un conseil : il a toujours été, et est encore dans l'intention de se défendre lui-même, mais il désire avoir un avocat pour le cas possible d'une réplique, et pour le cas où sa maladie l'empêcherait de soutenir long-temps l'effort d'un plaidoyer.

Si la Cour daigne considérer la position terrible où l'exposant se trouve placé à Nîmes, ville peuplée d'hommes qui n'attendent qu'une occasion favorable pour assouvir leur vengeance contre lui, elle demeurera convaincue qu'un arrêt de suspension, ou même de simple censure, lui enleverait cette garantie précieuse d'une considération sans atteinte, garantie qui l'a protégé jusqu'à présent contre les sicaires de Nîmes.

Envisagée sous cet aspect, la cause présente le plus haut intérêt, et il devient vrai de dire que l'exposant aura dans cette occasion à combattre pour tous les intérêts les plus chers et pour son existence même, comme dans un procès au grand criminel.

Il semble d'ailleurs conforme à la dignité de la magistrature de considérer la suspension ou la censure, infligée par la première Cour du royaume, comme le plus sensible et le plus grave châtiment qui puisse atteindre un magistrat. Sous ce rapport peut-on nier qu'il ne s'agisse de matière *pénale;* et ne serait-ce pas s'armer d'une subtilité cruelle que de prétendre que la faute qui est imputée à l'exposant, n'étant point qualifiée crime ou délit, on ne peut regarder ni comme *pénale* la matière dont il s'agit, ni comme punition un arrêt qui imprimerait une tache à sa réputation, et porterait au comble l'audace des sicaires qui menacent hautement sa vie.

L'exposant ose espérer que ces considérations détermineront la Cour à interpréter en sa faveur les doutes qui pourraient s'élever. Il désire être assisté par son père, par un avocat du barreau de Paris, uni depuis long-temps à lui d'une étroite affection, et qui, dans cette occasion, doit plutôt être regardé comme ami que comme avocat. Enfin, pour ne porter aucune atteinte aux priviléges des avocats de la Cour de cassation, l'exposant serait également assisté de Me. Darrieux, avocat en ladite Cour.

L'exposant désire vivement que la Cour daigne statuer promptement sur sa requête; et sera justice.

Paris, 19 *novembre* 1820.

NICOD, avocat; MADIER DE MONTJAU.

SECONDES OBSERVATIONS

à l'appui de la Requête, tendant à obtenir un conseil de défense, et un avocat pris hors du collége des avocats de la Cour de cassation, à MM. les premier président, présidens et conseillers de la Cour de Cassation.

MESSIEURS,

L'exposant a eu l'honneur de présenter à la Cour une requête tendant à obtenir un conseil de défense et un avocat pris hors du collége des avocats de la Cour de cassation. Hier il lui adressa des observations à l'appui de cette requête, et la supplia de vouloir bien statuer promptement sur sa demande. Sa surprise et son affliction ont été grandes en entendant dire qu'il était probable que la Cour ne s'occuperait de sa requête qu'un moment avant l'ouverture de l'audience du 28.

Quelle que fût la décision de la Cour, si elle n'était connue de l'exposant que le 28, il serait par cela seul privé de tous les avantages qu'il réclame. Il lui importe de savoir si tout le fardeau de sa défense portera sur lui seul : il lui importe d'autant plus d'être bientôt délivré de cette pénible incertitude et de pouvoir se concerter avec l'ami qui lui offre son secours que M. Darrieux, avocat en la Cour et du quel il avait fait choix, sera absent jusqu'au 26. Ne lui accorder un avocat qu'un moment avant le jugement ce serait réellement lui refuser un défenseur.

Deux sections de la Cour devant être assemblées le jeudi 23, il serait aisé d'obtenir des magistrats composant la 3e section de se réunir aux deux autres pour prononcer sur la requête de l'exposant, qui par ce moyen aurait quatre jours pour fixer son choix sur un avocat, et se concerter avec lui.

L'exposant réclame avec confiance cette assemblée de toutes les sections avant le 28; et sera justice.

21 *novembre* 1820.

Signé MADIER DE MONTJAU; NICOD, avocat.

MONSIEUR LE PREMIER PRÉSIDENT,

Je viens de déposer au greffe les observations ci jointes, et j'ai lieu d'attendre de la complaisance et de l'exactitude du greffier que ma demande sera mise sans délai sous vos yeux. Mais, pour prévenir les inconvéniens d'un oubli ou d'une négligence, je prends la liberté de vous porter par duplicata mes observations.

Permettez-moi d'attendre de la loyauté et de la justice qui vous distinguent si éminemment que vous daignerez faire délibérer la Cour sur ma demande à une époque qui ne rendra pas inutile son arrêt.

Veuillez accueillir l'hommage du profond respect, etc.

21 *novembre* 1820.

Signé MADIER DE MONTJAU.

PARIS, IMPRIMERIE DE P. DUPONT

www.ingramcontent.com/pod-product-compliance
Lightning Source LLC
LaVergne TN
LVHW010034230826
846091LV00005B/1689

* 9 7 8 2 0 1 2 3 9 8 8 2 5 *